红瓦分人家

华石　著

CTS 湖南文艺出版社·长沙

图书在版编目（CIP）数据

红瓦分人家 / 华石著. -- 长沙：湖南文艺出版社，2024. 10. -- ISBN 978-7-5726-2129-1

Ⅰ. I227

中国国家版本馆CIP数据核字第2024RP1983号

红瓦分人家

HONGWA FEN RENJIA

作　　者：华　石
出 版 人：陈新文
责任编辑：刘雪琳
封面设计：嘉泽文化
书名题签：吴　萱
内文排版：刘晓霞
出版发行：湖南文艺出版社
（长沙市雨花区东二环一段508号　邮编：410014）
印　　刷：长沙鸿和印务有限公司
开　　本：880 mm × 1230 mm　1/32
印　　张：5.75
字　　数：100千字
版　　次：2024年10月第1版
印　　次：2024年10月第1次印刷
书　　号：ISBN 978-7-5726-2129-1
定　　价：29.90元

目录 Contents

第一辑　满天星

第二辑　珠子之间

第三辑　招郎

第一辑

满天星

满天星

在华阁，木门很少上锁
夜幕垂得很低很低
手都够得着
满天的星星，老是笑

在华阁，一条河流连着另一条河流
薄雾最爱往河面上跑
蟋蟀躲在苞谷地
家长里短，碎碎叨叨

在华阁，冬冬推开旧木门
对满天星子撒尿
把呷夜宵的青蛙们
吓了一跳

乡里规矩

新鲜辣椒
必须从地里现摘
不必洗
昨晚自有天洗

鸡蛋四五个
还温热
竹筷子，打泡泡
数到第九圈打止

先要大火烧锅
小火磕鸡蛋
放盐
收锅

乡里规矩
辣椒炒蛋
能压酒

琴婆子，快来打浮泅

华阁的农民，都是工匠
砌着一排排整齐的运河、田垄和牌楼
每一条河流
都冷峻，又热气腾腾

在华阁，有藕根子、小龙虾和豌豆
缺了半口牙的舅舅
靠着棉花堆
一口气
能喝半斤谷子酒

在华阁，对岸的雄婆子
扯起喉咙喊
琴婆子，你个哈醒
快来打浮泅

在华阁，河里还有鱼

鱼仿佛就是我
我在河里头

在乡里

乡里的雨
从从容容
下到田里
糯糯的，甜甜的

乡里的苞谷
用柴火烧熟了
糯糯的，甜甜的

乡里的酒
不用怎么劝
也是糯糯的，甜甜的

连第一次见面的外甥女
总要偎在我怀里
小嘴亲一亲
也是糯糯的，甜甜的

写在农民丰收节

我舅舅并不知道丰收节
跟他语音视频的时候
他哈哈直笑
么子节啊，过节发酒不

舅舅牙掉了大半
我小崽出生那天
他一个人跑到镇上
镶了半口烤瓷牙
问他搞么子
不搞么子咯，等着到长沙
呷外甥的喜酒

舅舅种了一辈子地
种棉花，捡棉花，晒棉花
育秧，插秧，打谷子
丰收呷两杯

歉收也呷两杯
一辈子好呷酒
从没过过丰收节

我舅舅并不知道
这个年代
农民越来越稀少
我越来越骄傲

蜗牛

蜗牛最爱冒险
踮在草尖尖
给白露珠，拍照片

守着庄稼
还有他的菜园子
一天要看三回

蜗牛爬一寸
长豆角，能多长一尺

等他吻过，缤纷花雨
喇叭花的藤
已系不住
藕池河的腰身

哑巴姓周

哑巴姓周
像一条豁了口的田埂
瘦长，倔强

挑水，种田，做缝纫
把日子过得，不慢不紧
偶尔下棋
陪纺纱厂的老李
高兴或沮丧地
撂下两捆
自己种的蔓菁

哑巴想赵丽珍
想得发狠
做不得事，就折纸鹤
折了拆，拆了折
一天只折一只

满屋子装不下
就挂树上
一直挂到村口
挂到赵丽珍
终于回来收

哑巴做衣裳的时候
整个村子
水杉，枇杷，油菜，辣椒和南瓜秧
都小心翼翼地
安静了下来

苞谷的尸首

苞谷的尸首
横陈在水泥地
红的，黄的，黑的
骨骼不尽相同
倔强或妥协于
生前的执相

贫瘠过
丰腴过
摔打过
爱过
蚂蚁搬不动
一股离魂香

唯一的遗憾
到死都未能回馈
泥土的生养

不必过分感怀

鲜鲫鱼
小小的鲫鱼
刚从河里钓上来
红苋菜
黄黄的苞谷
刚从地里摘下来

八十九岁的姥姥
和三岁的默默
晒一样的太阳
吃一样的稻子
摆一样的笑脸

每次回华阁
都是一次轮回
生老于斯
不必过分感怀

老华阁粉馆

有时候开门
有时候不开门
歇业的理由五花八门
主要看老板心情

总问你加不加辣子油
辣子油不要钱似的
辣得你脸通红
汗涔涔，一出店门口
风吹得赶紧低头

有时候加荷包蛋
有时候不加蛋
当然，这事钱包说了算

卷闸门有破旧的美
从不落锁

大刀牛肉

此刻，我对面的
大小吃货，正赞美着
桌上一盘牛肉

我所理解的
一旁的豆瓣酱也清楚
憨厚厚的它们
其实，属于泥土

把田亩打理好
精耕细作
偶尔，哞，哞
摆动起开心的尾巴

至于被大刀亲吻
那是人间
不得已的哑默的轮回

晒

晒微尘
叨絮一颗恒星的聚变
晒风
驾驭青翠的骏马
追踪树的泪痕
晒炊烟
柴火煨得熟
人间的秘闻

晒你的颜色
红，带些些蓝
晒你的味道
薄荷，微醺
晒你的声音
草籽在深处拔节
晒过之后
夜，一帧一帧来临

晒瘦竹，勉强挂起
姗姗来迟的夏天

华阁的围墙

华阁的旧围墙
漏洞百出

挡不住喇叭花
青一坨，紫一坨
临空作画
挡不住蜗牛
紧赶慢赶，攻占城头

更挡不住
清脆的单车铃
叮当叮当

挡不住
摇下来的那位
朴素的
正当龄的姑娘

混搭

枇杷树上不结枇杷
结丝瓜
丝瓜藤上除了丝瓜
还结喇叭花

青的，蓝的，黄的，紫的
斑驳陆离
生硬地夹杂

如今华阁
流行混搭

仓促

跟随一把老藤椅
以动能转化的名义
自由地摇摆

完全没有留意
屋檐底下，一树的石榴花
扑将过来

脊背微凉
后脑壳
不得已和大地亲吻

能感受到
虚竹在拼命吸吮，呼吸仓促

红嘴相思卷起了裤脚

华阁的太阳
晒得禾场脑壳疼

聒噪的蝉，三三两两
躲在叶子缝缝
吵吵闹闹，没完没了

莲蓬在偷笑
一群隐蔽的龙虾
集体装睡

红嘴相思卷起了裤脚
和码头的旧渔网
一起打捞
无处可归的午间的风

水杉瘦弱、笔挺

水杉瘦弱、笔挺
像教书的先生
摇头晃脑
不时用枝丫，敲打河面

河面悬挂着
好大一块黑板
写满了翠绿的讲稿
繁复难懂的水草
算不清白的游刁子，与癞蛤蟆

一片云过来
把讲稿都抹掉

听《骏马谣》

你让我，想到了晚风
自由的晚风
从苞谷睡着的地方
徐徐梳来
把整个村庄
盘成一团，一团
温柔的发髻

你让我，想到了水杉
在寂静的村东头
笔直地遐想
一任风筝
拖起赤色的缰绳
从耳旁，掠向远方

你让我，想到了河流
那条我挚爱的

无言的河流
缓缓地注入
青蛙鼓噪而歌的处所
像倒满一杯
清亮的酒

你让我，想到了摇井
隔壁叫老六的铁匠
常来打水
只有到了晚上
他才把摇上来的水
郑重地，一口一口
喂给割谷的刀子

你让我，想到了华民村
这个时候
火塘正煨茶
夜色一拢边
星星子，四处串门

马尾辫

祖宗的坟头
有了南瓜秧的味道

一到清明
后院，田角间
或废旧的堤上
就纷纷梳起
五颜六色的马尾辫

风姨刚转过背去
翘翘的马尾辫们
在田里，后院里，堤上
又跳了起来

入土为安

半个西瓜
酿一泡尿
一泡尿
浇两捧辣椒

两捧辣椒
拌三碗饭
吃饱三大碗饭
走四方

走得几番轻狂
走得苍茫茫
五蕴空空时
葬故乡

土里生
土里长

土里还
瓜果米蔬、飞花飞絮及其他
都同我一样

郁

今天才晓得
郁是一个残忍的动词

把耿直，用明火郁
用角规郁
用翻云的手郁
郁出尘世
想要的形骸

不得不躬身
不得不隐忍
不得不哭泣
又不得不忍住哭泣
不得不，弯背脊

越用力，越狠，叫大郁
越细致，越彻底，叫小郁

大郁及小郁
郁成所谓器
或端坐高堂，庙宇
或散落江河与湖海

从青翠欲滴
到暗红隐隐
被郁如竹
郁得不着一点痕迹

篾笼

夏天，从苞谷地里
窸窸窣窣
窜来一阵风

青葱的冬瓜藤
顺势爬满了
菜园子靠北
那座椭圆形的土峰

奶奶说，像极了
像极了你爷爷
年轻时候，捞鱼的篾笼

惊艳

初秋的华阁
影子的呼吸很重
风蹑着脚
想捉住
一粒跳脱的香樟子

散漫占领了窗口
斑驳的光点，略显消瘦
拐角处
几株火红的三角梅
在窗台，炸响

惊艳
于是冲破寂静
裹挟所有疲沓的身影
一齐汇入
这条寂静的斑斓的河流

议价

缤纷彩虹挂在脑袋上
纷杂，油亮
野蛮生长

灵魂如果有发型
也会变形，膨胀
面目可憎
甚至，犯低级的错误

所以要静默
要定期修剪，清理一些
枝丫，堆积的灰尘
以及艳丽的，污垢

乡里剪一次头
好像是，38 元
春节涨价？

忙于生活
但不耽于生活
有些诗集与头发
约莫同价

渡劫

把一条条蓝墨线
切成无数
浑浊的横折

始终对江河的疼痛
选择性忽略

层层桎梏
层层业障

每一个雨季
每一条江河
都在渡劫

木匠

把文字锯短，锯短
再锯短
锯成三段五段
每锯下一段
留一处伤

区分每一截木料
头料，边角料
井然有序
好的诗人
深谙组装的魔法

精心设计好
每一个顿号，和每一个逗号
像安排楔子
潜入木头的内心深处
疼痛，是生活的本质

抛光，上漆
翻来覆去地晒太阳
至少在外表上
要努力地，与光同尘

他们不知道
我前世是一个木匠

向往的生活

头发全白的时候
宜划轻舟
湘江或藕池河上，雾霭氤氲
随波逐流

一上午
总得钓上几条
鲫鱼、鲤鱼、刁子鱼，都好

中午睡觉

下午秧豆角
还要记得，打副小小网
帮外孙捉知了

晚读《春秋》
就二两苞谷烧

半亩塘

——半亩方塘社偶遇 L 兄

把这辈子该写的材料写尽
一把火烧掉
然后背个蓝肩包
滚回老家

种两亩田
如果村上同意的话
一亩西瓜套棉花
另外一亩，光种苞谷
吃不完的
都拿去酿酒

还要一锹一锹
挖半亩水塘
不种莲蓬，不种雨
种株垂柳，挂盏灯

见底

一首老歌谣，还没唱完
水泥船，缠着绿藻
就搁浅在
浅浅的黄昏

淤泥被抛光成
守旧的银圆
鲢鱼搅起沉沉往事
薄薄的，斑斑点点
如见底的酒杯

见底真好
天地、酒、格子湖
暖暖的人心及歌谣
纷纷跳脱
红霞织的网

有时候觉得，坦诚
比深藏不露
更富深沉

徐徐

一种徐徐的姿态
雪落了下来

不堆积
不顾盼
用自己最舒适的弧线
飘落就好

徐徐归零
了然无痕
丝毫不顾及尘世的诗人
或商人们
热切的议论

不必凝视
凝视无用

徐徐地来
徐徐地走

甚至不屑于
在亘古的河流之上
留下点点波澜

心中的月亮

每个人心中都有一弯月亮
在遥远荒芜的堤岸
青青的垂柳
陡峭的石板
与坚实的桥梁

心中的那弯月亮
月光在夜幕下静静地流淌
如清澈的眼
如闪烁的火
如沾着微醺的时光

你是否记得有过那弯月亮
是否记得年轻时
繁星下懵懂的吟唱
是否时常想起
或者已然忘记

心中的月亮
那时的忧伤

第二辑

珠子之间

我们藏在珠子之间

一辆车
一粒珠子
俊秀的红绿灯
是捻珠人

或快或慢
忽闪忽闪
整座城市
捻动着，一双双
晶莹的眼

捻到银盆南路
骤然收紧
卡住世间
一长串
耽于生活的喘息

此刻
天很清朗
云很性感
你握着
灿烂的方向

我们藏在珠子之间
不说话
沉醉于一种
超脱的
不拘一格的浪漫

桃花撩人

桃花撩人
在营盘东路口

一瓣克制
一瓣放纵
一瓣历历在目
一瓣影影绰绰

还有一瓣
在招呼
蜜蜂，来来去去

千朵万朵
如你所见的
绯红，喷涌如流
注入人间星河

你我相向行军
小心探索
又无限开阔

吻桥

黎明时吻
夕阳下吻
雨天吻
晴天也吻

开心吻
不开心吻
踌躇吻
壮怀激烈也吻

尖尖皮鞋吻
方头球鞋吻
噔噔的高跟鞋吻
温吞的拖鞋吻

叱咤的英雄吻
卑鄙的小人吻

更多平庸的
凡人吻

千遍万遍
不厌其烦地吻
吻得彼岸
不得不回响
吻得银盆岭
轻轻颤

不熟

有些书，买了并不读
放在书柜，桌角，或床头
风翻过，眉眼扫过
知晓，但并不熟悉

有些人，加了微信
并不聊天
翻到更圈，就翻到了
赞而不语
络而不熟

有些地方，譬如兰州
譬如阿尔山，甘孜
想去未去
甚至无数次
盘算过里程与攻略
其实也不熟

不熟有不熟的好处
可以天涯，可以咫尺
可以惦记
保持幻想
欣赏，满足，并不占有

桃之夭夭

走了好多年
还是走不脱
桃花树下

不敢抬头
怕见得
枝丫深处
酒窝如漩

甚至闻不得
从前的
缕缕暗香

一处瘀伤
结一朵痂
这满树的绯红
摇不得

纷纷扬扬的
是所谓前尘往事

一朵白玉兰

一朵白玉兰
究竟是
一盏温润的灯
静静地指引
春风缠绕的方向

还是一双翅膀
仿佛随便找个借口
就能摆脱
尘世细碎的挣扎

或者是一个酒窝
酒窝映着酒窝
一簇簇
拥在树上
笑得不可开交

抑或是一枚
抛了光的
银簪子
娉娉婷婷
别在清晨的鬓角里

甚至是
甚至是你
你的耽于人间的
白洁如玉的手指

对于一朵白玉兰
我其实一无所知

1664

——致 C 女士

喝断片的人
什么都不记得了
只记得 1664

循环往复，像翻烤的牛油
享受，或煎熬着
劝酒的人，继续开酒的人
以及拉扯不清的人

一般好饮者，不会接受
所谓你醉了，所谓我要护送你
然后一边蔑视你，激怒你
其实是并不高级的保护

善意的，以及其他种种理由
都不接受

昨晚最遗憾的事
直到乌苏倒地不起
仍没买到 1664

1900 在想

——重看《海上钢琴师》

1900 在想
很多东西
仿佛蒙着一层轻纱
有时候
你看不透
也揭不开

城市太大
到处都是人流
相互还挂着虚伪
垃圾咧着嘴
如死鱼的鳃

人没那么多能耐
有些事
想不明白
纵使想明白了

也办不到
办到了，也坚持不了

总有一天
厌倦了所有情怀
厌恶了一切新奇
不愿挪动沉重的脚步
趴在那里
像玻璃缸里的章鱼

变化太快
名利令人生畏
难免惶恐
心灰意冷
而曾经率性的乐章
也一并对他嘲笑
这是种悲哀
很无助的状态

1900 如果下船
会有夜莺
在聒噪的白天
陷入疲怠

每一片闷骚的樟叶子

——致小 D

小 D 说，保持深沉的绿
是樟叶子，难以摆脱的宿命
无论窗外边，花多浓，鸟多哀
春风多媚

每一片闷骚的樟叶子
都应该有个浅浅的酒窝
应该有个
十分好听的名字

为了不被人，指责油腻
一天写一首
嘎吱嘎吱的诗

很少留底稿
留了也没用
往往，白天写就，晚上撕

小 D 说，一地的红黄
亦是宿命

爱与徨

——给一位因爱彷徨的朋友

是明天太多的未知
令我们迷惘
还是今天所有的拥有
并不足以让人乐观

没人知道
生命之河的深浅
同样也无法揣测
它到底要流向什么地方

我们像水纹
越流越苍老
越慢越脆弱
一点涟漪
惊得我们整夜整夜地彷徨

明知

明知不会回复
短信，微信
一排排着急的行者

明知不恰当
夜深雾大
辞章不善表达

明知冷，冷，冷
只会执着热烈

明知是错
错误在于开端
至于结果
何必要纠结

百鸟朝凤

这是一支古旧的唢呐
师傅用过
师傅的师傅也用过
你只要昂起头
慎重地调动唇腮
长长的铜管里就会跳出
一个个不老的音符

你尽可以温柔些
仿佛脉脉的星光
勾起许多离人的相思
你也可以豪迈些
让钟爱泥土的人们
跟着丰收的节奏而烂醉，而疯癫
你更可以庄重些
让那些离开了尘世的灵魂
随你的哀曲长眠黄泉

这是一支小小的唢呐
从遥远的波斯漂洋过海
吹红过老艺匠沧桑的面颊
吹皱过牛牛娃稚嫩的眉间
无论街坊巷陌
还是林间清晨
你只要细细慢慢品
总能听到
唢呐声声
似百鸟争鸣

等江一郎

据说是个腼腆的人
端一碗小米酒
能运半天神

据说是个大胡子
孤傲的人都留胡子么
譬如屈子、海子

饮酒的时候
酒沫子，像一首首诗
跳跃在青须间
布灵布灵

据说还在路上
京东付了邮费，过桥过路费
只是被春雨
耽搁了时辰

据说还在写诗
在尘世之外
这本诗集之外
对于与一位
同样闷骚的读者见面
也充满期待

刁子鱼配酒

萝卜不是菜
但他很会做菜
清波和宝哥
依旧对不住，他们秀雅的名字

我们大概是 12 年前
同住一间寝室
今天，又各自奔波
聚在了一起

一瓶毛铺苦荞酒
能生发出，难挨的晚自习
复杂的英语试卷

还有晚上磨牙的“毛姐”
十分严肃的校长，叫 WF
还有谁和谁

谁又和谁，看过那场
最美的流星雨

咦，下铺的高个子
叫什么名字
萝卜说着说着
怎么突然就想不起

然而清波并不急
他在缓缓地吻
一条迷路的刁子鱼

李自健美术馆

不懂画，尤其是油画
像一个精致的女人
发射一枚精致带笑的妆容炮弹
你被击中，被击中
没有其他

不懂风格
风格像背书
巴洛克、洛可可，加上星巴克？
总之，风格越多，头越痛

不懂线条、色彩与构图
统统看不懂
不懂收藏
不懂升值空间几何

不懂李自健

不懂那头水牛
为什么那么地，那么地
温柔敦厚

明月何皎皎

睡不着
怕梦压皱了
枕边的，《古诗十九首》

行行重行行
逗号爬上驿马
大口喘息
黄豆浸湿，刘老倌
喑哑的磨盘石

明月何皎皎
句号眼眨眨
郑重地，念起叠字
麦茎悄悄拔节

念一整篇
夜色轻抚，工地上
蓝蓝的打桩机

夜遇令狐冲

晓月如残钩
回雁楼
令狐冲邀我饮酒

点了一桌硬菜
开了一坛好酒
不谈剑谱、宗派与江湖
只讲了一宿
小师妹的温柔

美酒最易消愁
美人最难白头
令狐兄啊，令狐兄
如之奈何

侠客行

紫色的葡萄藤
宜配酥酥的弹词
唯一的遗憾
今晚少风

月明星稀
宜“点点耿直”
吴钩胜雪
可“比较耿直”
江湖人未远
当饮“非常耿直”

三杯然诺
谪仙已回碎叶城

没有江小白怂恿
侠客从不谈
雪湖初见黄蓉

剑客三章

一

高明的剑客
从来不在女人面前拔剑
眉眼要冷
但从不拒绝，敞开
滚烫的心扉

和最明媚的人
入乡随俗，沉默或酣歌
端杯要稳，眉要平
入口要深
一定不能空杯
一定比夜先醉

寂寞，是剑客的剑
没有把握
不要轻易看剑
当心月光荼毒

春雨深深
今晚不宜论剑

二

谁十指如玉
就爱谁
真正的剑客
姓轻名狂

剑客想吻，就吻
想恨，就恨
快意于恩仇
指天骂地
不忘悲悯世人

真正的剑客

可能衣衫凌乱，蓬头垢面
使得一手好花剑
学不来李白
斗酒诗百篇

随时准备当掉
手里的剑
换一壶好酒

三

剑客拔剑的时候
会把眼睛，暂时闭起来
摆出摇摆的姿态
随时等候
鼓手的指令

剑客的十指，轻轻柔柔
抚慰剑柄
像抚慰暮春的古琴

剑客从不收剑

剑已出鞘，无剑可收

剑客可以很丑
必须很温柔
熟悉每一首挽歌的前奏
温柔，亦是剑客的剑

剑客的朋友，可以不那么丑
但必须更温柔
摇摆起来，永远少年
譬如我

乌苏，天山来的雪

乌苏，乌苏
夺命乌苏
一打够不够
可惜在座的
没有来自天山的朋友

乌苏，乌苏
天山来的雪
拒不认错的雪，流不断的雪
豪杰不敢多饮的雪
天山都禁不起这般豪饮
越饮越矮
饮到一米七二
必须打止

乌苏，乌苏
晶莹的月牙泉

不要忘记，诗人呵
一米七二的诗人
你的克拉玛依姑娘
亮晶晶的姑娘，在等你

乌苏，乌苏
月光胆子太小，成事不足
对面的兄弟呵，H 与 T
要大胆，要大声喊

再来一手牛油
不，不，加两手
诗人要吃饱
要唱《大风吹》

最后申明

不再留恋于江湖
人类文明，三体，以及元宇宙
也不用我操心

我只关心
一阵阵无止境的风
从哪吹来
吹到哪去

且毫不在意
摇晃的木桌子上边
到底还剩几罐
竖着的全麦白啤

最后申明
今晚的尽头
我只接受
木婉清的好友申请

石人冲

摇摇晃晃一个小时
公交车会停在
一条崎岖的路的尽头

沿着灰灰的小道，往东走
一直往东走
上一个不怎么陡的坡
就到了
传说中的石人冲

12 年前
我拖着两蛇皮袋子书
和一把吉他
与另外三名纯粹的同道中人
租住在石人冲的顶楼

顶楼上的星星

像多年前的眼睛
亮得发烫，又慌张

说客

微信一：
三分之一的周末
下雨
三分之一的周末
加班或带娃
剩下三分之一
还要防备伤病，和坏心情

微信二：
总之，人生苦短

微信三：
斯伯丁已就位
冰可乐已就位

微信四：
坐地铁来
新开的一家小龙虾不错

翡翠谣

——兼赠J兄

翡翠的风
吹来不冷的夜

翡翠的云，幻化成
一种来自更南方的鸟
蓝绿红棕
盘旋在，翡翠的楼顶

翡翠的秋千
坐着翡翠的孩子
翡翠的花花草草
茂盛着茂盛
枯萎着枯萎

翡翠的酒
盛着翡翠的男子
只有，手足够稳

才能拉成细细柔柔的丝
缠住一首首，热切的
翡翠的歌

你一抬头
就能有翡翠的眼睛

中年男人的早球

没敢定闹钟
怕吵醒小朋友
当然，也没有必要
毕竟人到中年，自然早醒

永远不可能第一个到
因为总有比你起得更早的中年男人

中年男人讲究热身
热身一小时
打球半小时
喝水侃大山半小时

八点收工
必须八点十分回家
催着小公主赶紧吃饭
趁机洗个澡，三分钟解决

要赶八点半的书法课

路上五分钟
运气好的话
小女神会聊聊学校里的趣事
也有运气一般的时候
书包一甩
扬长而去
徒留老父亲稀碎的眼神

中年男人们哪
要照顾好全世界
也要保重自己

发朋友圈的时候
也不要纠结
油腻就油腻吧
不要有偶像包袱

年终总结

看花鼓戏 31 场
响鼓重槌，哎哟喂

翻书 43 本
另加搁浅 6 个半本
有的因为雾大，眼睛疼
有的纯粹，怪雪

写诗 27 首，满意 2 首
删诗 21 首
幸亏，幸亏
略有盈余

醉过好几晚，尤其
和 B、K 及谁谁那回
放肆如江河

爱了一切值得爱的
埋头继续修行

哦，差点忘了
磨破中国地图一幅
虽然实际上
哪都没去

突发奇痒

怀疑自己身体里
有流毒
一到深夜，就汩汩作响

稍不留神
水即化成针
细细密密地，不规则地扎
想生抓，抓不到

然后开始串联
迅速连成片
一挠，一片红
根本不懂见好就收

只有 53 度湘窖，勉强
算是解药吧
能敷衍体内的流毒

不饮不行

否则毒往外溢

挡都挡不住

篮球兄弟

高矮胖瘦
参差不齐
或许这就是
篮球兄弟的现实

38 岁的高龄
低配 18 岁的心态
不服老，不服输
虚到汗流不止

勉强跑位
勉强突破
勉强三分投篮

不赖，不赖
不赖你
不是三不沾

偶尔一波神仙球
小口喝水
拼命鼓掌

月光很苦

今夜
灯火一闪一闪
绵延到巷子深处
似你我走过的路

月光很苦
其实
你比我更清楚

关于献血

先填表，验血
查白细胞，红细胞，血小板，各种数值
像家用自来水
你须达到饮用的标准

针头有点粗，护士说，你别总看针头
看我，多好看是吧
呵呵，难得遇到一位
有点俏皮的姑娘

其实我更想看
从我内心深处溢出来的
这段殷红，汩汩的
究竟流向哪里

以及如何
与另一段河流

为了些什么，汇聚，携手奔腾

但凡开始珍惜发际线的人
看亮晶晶的眼睛
或者鲜艳的事物
一般不紧张
一般懂得赞叹，欣赏

关于抖腿

每一个抖腿的人
心里都有台缝纫机
在补旧衣裳

无聊时，望山抖
犯困了，端一杯挂耳
感觉整个云南在抖

常常独自，抖落晨昏
抖落遇见
有些猝不及防的
抖落这，灰蒙蒙的天
只剩一身雪

上一个劝我莫抖腿的女人
樱桃小嘴，不知何在

江上有渔歌

晓月挂不住
渔人码头

楼宇微醺
泛着一道道
狂躁的分行的光

码头已无渔人
江上尚有渔歌
我尚有你

此夜，所有熙攘
都与你有关
所有人间的羞涩
都不敢抬头

关于发型

头发招谁了
发型惹谁了

堂客讲，太冲
大崽喊，头顶要爆炸
女同事曰，呵呵
尚不显油腻

不敢留胡须
自认冇得，做渣男的实力
更不敢衣服打洞洞
内裤外穿

甚至光膀子
都得是打球的时候
才敢勉强一露

从来必须，衣冠楚楚
告诫自己
外表及内心
都不得禽兽

通体已被文明
浸润日久
只是，只有发型
偶露狰狞

当然，真招惹谁了
也不大要紧
要紧的是
油腻别上头

看来戒不掉了

咖啡会上瘾
中枢神经
经不得咖啡因
暖暖的撩拨
一撩就亢奋
就迷恋，就狂热，就沉沦

咖啡难戒
尤其下雨天
没有一杯黑咖啡
夜只会越来越潮湿
你的唇
只会越来越干

看来戒不掉了
也似乎不存在所谓耐受
对咖啡不耐受

对雨不耐受
对你的唇，尤其最不耐受

一个能背《古诗十九首》的女人

——读刘年诗集

如果遇到一位
会酿酒的女人
而她又恰恰
能背《古诗十九首》
那么你只管饮酒

你只管笑着饮酒
哪怕身在西北高楼
楼外雪三尺多厚
那个女人
她会露出两颗俏皮的虎牙
会用一种得体的酒杯
缓缓装满绯红色的香

一个能背《古诗十九首》的女人
本身就是坛
忧伤的好酒

无心遇见

——赠 Q 女士

清清清清清
水一样的眼睛

不要轻易举杯
小心暴露了
微扬的，十分
可人的酒窝

无心遇见
不懂也去不了的世界
清清的世界

灵魂止不住
自然而然地流淌
酒一样的纯粹，丰盈

雪不敢进城

鼓动千里风云
将一腔笨拙的真诚
结晶，布阵，往下坠
欲突袭人间

然而如你所见的
雪，雪，又雪
再也慢不了时光
白不了城里的少年头

甚至溜光的路面
习惯了从天而降的奉迎、试探
以及量产的浪漫
一把又一把
暧昧的工业盐

现如今的雪

在打一场没有把握的仗
只敢在外围封山冻河
不敢进城

第三辑

招郎

招郎

停车，下两个坡
差点闪到腰

一定要掬一口
涔天河的水

水中的男子
越看越像
涔天河招的郎

白芒营

白芒营的杨梅
是一首首，从土里
长出来的诗

三行挂枝头
错落有致的，像宋词
三行刚结果
青涩的，恣意的，自由诗
三行入土
没有谁比唐诗
更辉煌，更肃穆
还有三行，古乐府
等村里的六婆婆
酿成酒

不敢喝六婆婆的酒
一杯短歌行
就把自己弄丢

割松油的汉子

油刀轻轻
我打算，为松树的领口
系一条白色的围巾

每次刻画，都特别慎重
像在脱贫承诺书上
签上我
并不复杂的姓名
每次等松树哭，都会想起
上高中的女娃儿

运气好的话
一棵树，能割十斤松油

十斤疼痛
十斤生活

桐冲口

桐冲口的房子
一半在爬山
一半在吁喘

桐冲口的梅花
一株，就是一盆
红火塘
从村头，燎到村尾
火占领了
整座村庄

桐冲口的杉树
一垄一垄，固守夷勉堂
一片树叶，一首歌
遇风就起腔

桐冲口的瑶妹子

有些羞怯，有些勇敢
不喝三大碗
不敢深深看

你要喝过九大碗，才能不想家

1. 渴了喝梗梗茶

瑶胞们说
唱歌，跳舞
渴了喝梗梗茶

铜一般亮
酒一样醇
花一样香
阿婆捧出的
是一碗千年的雾
是一碗止歇的刀火
是一碗滚烫的江华

2. 大半个江华

过山瑶，平地瑶，排瑶
漂湖过海
踏歌而来
一口梗梗茶
饮尽大半个江华

瑶胞啊
我母亲年轻时的闺蜜们
总对我说
你到江华来
不能不喝梗梗茶

3. 把歌摆起来

茶门哟，吱呀呀开起来
长桌哟，刺啦啦摆起来
长鼓哟，咚咚咚舞起来
茶歌哟，咿哟喂唱起来

水灵灵的瑶妹呵
快来，快来站到三角梅下边
红艳艳的瑶妹呵
快来，快来把歌摆起来

4. 山高高嘞有云遮

山高高嘞有云遮
阿哥呀，你莫走
请你喝一碗

路陡陡嘞有花配
阿哥呀，你莫走
你再喝两碗

林深深嘞有鸟歇
阿哥呀，你莫走
你再喝三碗

滩弯弯嘞有鱼回
阿哥呀，莫走，莫走

你再喝三碗

阿哥哥哟，阿哥哥
你要喝过九大碗
才能不想家

西河

怎么劝也没用
西河想见，她的旧情人
那个山下的男子
放排的男子

一边臆想，一边咆哮
一边往下冲
发了疯的西河
谁也拦不住

过一道坎，抹一次眼泪
越流越汹涌
越拦越恣肆

西河疯了
把整个六月，遗弃深山
不管不顾

失望

林子里没有风
客栈没有酒

瑶乡不唱瑶歌
岩崖，不歇山鹰

没有放排汉
一段段清溪
只是一具具玲珑的躯壳

哭石

小圩乡的石头
在路边哭
在河床上哭
逢人便哭

雨天哭雨
晴天，哭山鹰
白天哭歌
能把瑶山，哭蒙眼

用一整晚，哭月亮
哭得涔天河
一片水汪汪

他跟我一样
寂寞越久
眼窝子越浅

哭松

割松油的兄弟
你走开些，走开些
或者
带上你的油刀
明天再来吧

今天我很痛，很痛
痛得已经哭不出来

哭马

梦到一匹北方的马
匆匆过江
梦到自己在梦里
变成一匹马

梦到凤凰木
迷途的凤凰，在哭马
梦到紫荆花
紫色或红色的花
茫然地，将谢未谢
梦到交趾，就哭醒

疏于审视自我
原来身体里
一直住着
一匹蓝色的马

一口果蔬脆，一场修行

把苦瓜的苦，甜橙的甜
秋葵的沉郁
猕猴桃的跳脱
蕴结

脱水、真空、封印
幻执与苦厄
六尘外物
尝试着，统统忘却

咀嚼
你会发现
所有终将逝去
脆，是生命的痛点

一口果蔬脆
你要当作，一场修行

沿着大凉山的尖尖顺下

1. 一座山谷只盛一家咖啡店

一座山谷，只盛一家咖啡店
绿色格子窗
专收迷路人的眼

忽必烈打马经过
排兵布阵，点火把，请喇嘛念经
喝伊利汗国的咖啡

穿彩色毛衣的女子经过
看云，给手机充电，喝拿铁
沿着大凉山的尖尖，顺下
像一条崭新的经幡

2. 邛海是一把锋利的斧子

邛海宽宽大大
盛得住整个西昌城

邛海也不总是柔软
绝望的时候
像一把锋利的斧子

斧子一头，系着海门桥
另一头，是闪光的杨家院，黄瓜窑和王家堡子
五菱宏光
跑出一道黝黑的斧柄

斧子专劈负心汉
跟擎着火把的螺髻山无关

3. 成为达布的几个步骤

首先，要踩在泸沽湖的口袋上

阿咪帮忙绾起发辫
和隔壁多吉一起，学打跳

其次，养一条金黄色的狗
在花楼上，保守秘密
随时都能释放

然后，主管钱粮、烟茶酒
让拉姆砍柴放牛，卓玛洗衣服
腌酸鱼
爱惜一切暖色调的物什
逐渐适应干瘪

最后，请抛锚的王女士进屋
来，来呵，围着火塘坐下
用苏里玛酒，祭锅庄
一束鲜花开在窗台上

北京夏天

夏天到了北京，就沉默了
日头正暖
杨树，沙沙响

一段路，又一段路
一条胡同，又一条胡同
多么希望
迎面走来的姑娘
像曹颖一样，多情又漂亮

谁也不认识我
我也不认识谁
在北京，与我一齐沉默的
只有夏天

被动

——献给北京深秋的石榴

我从大汉来
我从天上来

2 月开花
5 月开花
10 月也开花
在人间，我一年开三次花

每一次，都用尽全力
绽放出自己
连屋檐都知道
我那一树的闷骚的叶子
潜溢着深褐色的渴望

一次又一次
我在我困顿而浪漫的枝头
端起一盏盏

盛满月华的金盅
不厌其烦地
举杯问天

一杯又一杯
我以我紫色的裂痕
毫不避讳地，敬冷漠的光
敬深沉的雨
以及畏缩的冰霜

敬居无定所的荒漠、流沙
与三万三千里的旅途
敬转瞬即逝的凋零
敬我的贪婪
我的软弱，和我的勇气

巷陌的风吹过
我的脸膛，已醉得通红
通红的还有我的心脏
我的心脏，是易碎品
剥开来
能看到跳动着的
一片晶莹

在人间
他们并不保证结果
哪怕花开三次，四次五次

窗子本身，是一双眼睛

北方的窗，性情冷淡
永远摆出一副
非请莫入的架势
拒人千里
且理直气壮

执拗又皮实
像透明的城墙
再烈的风，再冷的寒流
甚至轰鸣的雷暴，疾驰的高铁
也敲不开

向往光明，为此甘愿
腹背受敌
白天忙于向逼仄昏暗的角落
发起战斗
晚上要抵挡

一整条街的，夜袭

时刻保持警惕
窗子本身，是一双眼睛
政客正窥探盟友
游子在窥探乡愁

单剪

剪刀自己磨
刮胡刀自己磨
木门吱吱响，自己修

梅花一弄里
邹师傅的理发店
有且只有单剪

再清奇的头颅
都必然归结为单剪

会跟你聊乌克兰，印度
聊昨晚的谷子酒
聊欧阳先生，嗣同先生
也聊《十八摸》

聊《十八摸》的时候

里屋一声咳
剪刀赶紧一哆嗦

巷子深深
除了斑鸠咕咕咕
我们都不敢再作声

汨罗怀沙

最后一粒清沙
怀在袖管
磋磨，诵吟
明明暗暗，宇宙洪荒
白与黑，上与下
孰能分清
我是抱恨的江鬼
不把所有骚怨唱遍
岂甘沉沦

最后一排浊浪
携巫山的苍莽，楚泽的寒凉
滔滔，浮沉
我是哀丽的江鬼
两千三百年的风
吹不平我蓝墨色的脸颊
人心不可谓

哪怕再滚烫的诗魂
也煨不暖，汨罗江的冷

最后一场秋雨
彷徨啊，整整一季
惶惶，复迢迢
郢都，已乱如沸鼎
沅水湘江，桨声既远
玉笥山下，生民正哀艰
我是势孤的江鬼
最无奈
明月澄不清这江湖
兰芷熏不透这人间

最后一卷辞章
已成绝响
纵把天地问遍
纵我已因诗而神
仍摆不脱，长太息
罢了，罢了
长铗复何用
不如赠以鱼龙
我是江鬼
我独怀沙

冬至，想与一片柳叶同行

1. 从七星岭出发

冬至
想与一片柳叶同行
从七星岭出发，据说
浏水的源头
已悄悄攒下
2019 年的第一场，抑或
最后一场雪
你来到人世间
你要多看看雪

2. 浏水有人家

冬至
想念花林、扁舟
扁舟直上青枫浦
见到张若虚
不聊新月，不聊江湖
我们不说话，默默看着
浏水人家
捧出白沙豆腐
水嫩的豆腐
要配正德小曲

3. 做最庸俗的离人

冬至
想唱歌
在河流最清亮的季节
在白天或黑夜
不一定要惊扰谁

只想孤独地、纯粹地唱歌
做最庸俗的离人
漂浮于柳叶
从湘江，笔直如剑，唱向北

4. 柳叶尖尖，要小心

冬至
想去抚摸
那生我养我的大地
沟壑，在掌心里的纹路
还有，一茬茬芦苇
荡漾起的褶皱
行船人啊，千万要小心
柳叶尖尖
莫划破了
东洞庭的袖口

5. 到城陵矶打止

冬至

想与一片柳叶同行
不必走太远
到城陵矶
就打止

黄石寨只有云，只有云

1. 宝峰湖之于你

从来没有一款风
这么不讲规矩
说好了热烈拥吻
转过背，就凌厉如刀铁

从来没有一款月亮
把夜色，薄雾
推那么远
故意拒绝酒、吉他与火焰
拒绝一镜到底

也从来没有一款夜色
如此逢场作戏，又适可而止

波折，回旋
用以掩盖心底的冷

无论多么炙手可热的
山顶上的，诗人，歌手，导演，制片人
从来没有一款哀伤或欢欣
能撩动你

2. 系马庄抛锚

一座山贴着另一座山
云滚滚，碾东折北
压得系马庄
快喘不过气来

买水的时候
碰到一个叫瑶瑶的女子
边唱山歌，边晾衣裳

手上的银镯子
又白又重

3. 三门岩豁了口

三门岩的鬓角边
突然豁开来
一条通天的口子

老龚从口子里
稳稳盘下来
一根旧扁担，溜光，淡紫
跟他的肩膀一样

抽烟的时候
必然要提满女
满女啊，考到北京读大学了嘞

一提到满女
老龚灰灰的鬓角
裂开一道幸福的口子

4. 黄石寨只有云

黄石寨只有云，只有云
左手边七八个骑行士
不知道哪个，大喊了一句

只有云，漫天遍野
骑行士毕竟不是画家
指挥不动这么多的云
他们挥手，尖叫，甚至彼此拥抱
亦无济于事

云把所有坚硬的事物，单车，手机，摄像头
以及年轻人的眼睛
都揉成寨子里成群的牛羊，青草叶
最柔软的一部分

一面鼓能做什么

（衡阳走笔）

1. 一面鼓能做什么

合江的地方
再配上万古斜阳
鼓打鼓，往往是聒噪了些

但并不妨碍石鼓
能饮冰，能歌舞
能在秋天夏天
分辨出
是读书声多一些
还是杀伐声重一些

亦能破壁，敲山震虎
等难凉的热血
铿锵出场
亮出自己的鼓点

2. 假如杨度未到东洲

那湘绮楼还叫湘绮楼吗
帝道真如，匡民救国
真的都交付岛上
这堆顽劣的石子吗

木匠，铁匠，女弟子
当然也会写诗，会作画
但那桃浪，不是少了一份
奇逸，以及汹涌吗

或者设若，被罗汉寺
某位夜游的和尚
先一步收留呢
蒲团禅板，茶鼎熏炉
当年明月会更加参差吗

又或者说，21 岁的杨举人
摇橹而来
又看云而去呢

假如寻觅，折转，并无意义
往来船山学院的，所有青衫袖口
还会有风吗

3. 湘西草堂的草

草搭了一所房子
不甚牢靠，别号湘西

一年来看一次
一次可能看一年
屋前屋后，仔仔细细

看匆匆建成，缓缓坍塌
看残破与重建，冷清与喧哗

看一叠一叠的纸
悬腕出龙蛇，大象与蚂蚁
搬进来，运出去

草把光，把墨迹
整体暗淡了下来

夜宿古丈

哪里有山
可曾闻得虎耳香
哪里有河
是否闪着氤氲的流光
哪里有渡船
惊扰了，水韵悠长

哪里有星光
灿烂了古老的村庄
哪里有木门
吱呀地回响
哪里有镰刀
倚靠在寂寞的篱墙

哪里有歌
月儿弯又弯
哪里有泪水

热得滚烫
哪里有你
哪里就有诗
如今夜，一般微凉

马合口醉酒

品三道茶
吃一大碗肉
够你走三千里路
三千里路，从澧水绕到洱海
洱海尽头
阿善唱来三公主

看一段仗鼓舞
酣饮三大碗酒
引你在旧梦回首
三月三，苍山下
保和寺外，满湖花柳曲

再干几碗酒，喝到你醉
再听几首歌
有山，有水，有黄莺
再来一段仗鼓舞

鼓舞正酣
酣沉沉七百年

七百年前
有 81 根粑粑杵
忽必烈的骑兵何惧

浸在姑苏

真好汉，莫来姑苏
狮子林，弯绕多
容易迷路
太湖，婆婆娑娑
桃花坞，也过于温柔

真到了姑苏
且消磨
乌篷船，太慢
木荷花，太浮
古巷的青石板，太迂腐

千万千万
莫到黛瓦深处
吴月有毒
浸到评弹里
再硬的骨头，也会酥

夜饮柳叶湖

究竟谁在天上执壶
倾云为琼浆，千条万条
丝拉得缜密，透亮，绵柔
如梦的帘

究竟谁的刀更快
快过大风吹
究竟是什么
温润了踟蹰人的眼
又是谁家女子
在湖心之上，步步生莲

这人间
究竟还要饮多少英雄泪
究竟何时会醉
究竟谁在玻璃窗前挂杯
挂得那么明显

袁家岭的眼睛

他们告诉我
袁家岭的眼睛，在一幢又一幢
高高的写字楼里
一幢楼宇，就是一丘竖立的农田
田埂弯起来的
水汪汪的瞳孔里
荡漾着金色的月光

袁家岭的眼睛
在一座座广场里
敬天广场，佳兆业广场，文化广场
每一条带碎花的裙子
每一副好看的腰身
都在袁家岭的眼睛里

袁家岭的眼睛
绣在一张舒缓的画中央

绣针那么小，剔透玲珑
没有人能看透
其间暗含的悲喜

袁家岭的眼睛，藏在戏台上
如拂、如抛、如扬、如荡、如撩
以及百种魅惑的水袖中
随时等待，钟鼓乐之
不舞则已
一舞乾坤定矣

袁家岭的眼睛，穿过纷纷扰扰
在熙攘的拐角处
长沙临时大学的窗棂之间
闪过些许慌乱
自信又迷惘，不掩倔强

袁家岭的眼睛
其实就是你的眼睛，月牙形
早就挂进了我的眼睛里

石板岩的老木匠

太行山下的老木匠
70 刚出头
三轮车开得飞起

手掌忒大
大到能单手捻玉米

捡石头，挖树根
雕成他认为绝绝的样子
喜欢嚼柿子饼
梆硬梆硬的
没副好牙口，碰不得

最爱干活
不怎么言语
游客夸赞一句
憨憨的皱纹，笑得飞起

平生教过两堂课

一堂课，教学生读诗
一堂课，跑到榆树屯
看苞谷尖尖

不曾记住一个学生的名字
不曾被一个学生记住

唯一忘不了
是一双双眼睛
明亮，清澈
像呼兰河的水

也不知道
呼兰河，是否流得
像当年一样缓

苞谷尖尖上
是否仍有，蜻蜓留香

海南行

海角的风，湿咸湿咸
像极你我
中年的生活

我们举杯
云望着我们
庸俗地唱歌
歌声翻到海里面
半天爬不起来

好事的星光
偷窥了半个晚上

想看而未看见
我们摇晃的杯中
还剩几两清欢
几两轻狂

银河一定很低吧

多好，多好
你在西双版纳
某座不知名的山上
看到了银河

万万光年之外
你看到了光芒，雾霭，云
看到了
千层万层
白色的棉花簇拥着
压实的幸福

银河一定很低吧
伸手碰得到不
我也不知道
我在城市久矣
根本看不到

绝绝子

山道弯弯绝绝子
茄子、辣椒与狗，绝绝子
铜锁木门绝绝子

竹椅吱呀绝绝子
芝麻生姜茶绝绝子
红炉罐子煨汤，绝绝子

他们说
汉语言无法形容的物事
统称绝绝子

他们不晓得
清溪村已失语
青青星辰，与邈邈之你
最绝绝子

挂耳

头一次听说
挂耳不是挂的
是喝的
也不必用耳朵喝

云南的挂耳
跷着二郎腿
简单，轻松
你只需注水，注水，注水
一分半钟
据说可能会有
酸，甘，苦，醇，香

我本一粗人
爱咋咋的，怎样都行
不懂也不惧
所谓宿命，五味杂陈

睡过很多地方

——兼致 C 同志

还很小的时候
睡过草垛子，木船舱，坟堆
以及土地公公庙

后来到东北，苞谷地睡过
阿尔山的网吧睡过
在呼兰河
那条立传的河的中央
大石头上睡过

然后在 ATM 机房睡过
卡车车头睡过
地下室，废弃的岗亭
都睡过

睡过很多地方
便能明白，地有多凉
亦有多暖

红瓦分人家

1.胖大姐风干鱼

一条红嘴刁子游上岸
又一条红嘴刁子游上岸
游到翘嘴巴竹竿上

胖大姐的风干鱼
就服胖大姐调摆
自己游上来
自己排成行
一个个嘟圆着嘴
像胖大姐一样
遇风就起腔

胖大姐的风干鱼

上了岸，照样呼吸，照样笑
无畏无惧
天生天养

他们体内藏着
一股子倔强
怎么晒也晒不干

2. 钓友老李

有道是，好姑娘
不嫁钓鱼人
老李就是钓鱼人
而且有老婆，漂亮贤惠
烧得一手香鲫鱼

老李本分人
大半辈子，只带老三样
鱼竿、鱼饵和渔获
他知道，鱼怕电、怕网
更怕贪婪

规范了好，真好
打窝子不必劳神
出门往左，或者往右
东风湖边，有小野菊的地方
随便可下竿

君山隐隐
白云隐隐
小野菊也隐隐
不敢吹口哨
他怕撩发了，江猪子打滚

3. 鹿角遇小文

在鹿角镇
碰到搞回访调查的小文

瘦瘦的小文
像条会蹦的风干鱼
右边眼镜腿
缠着一圈黄胶布

小文教书
开学第一课
读《诗经》
呦呦鹿鸣，食野之苹

小文喜欢鹿
爱鹿，护鹿，当志愿者
是另一个身份

此刻，他要去看黑麦草里
野兔子，野鸭子
和麋鹿们
如何鼓瑟吹笙

4. 龙小恩

龙小恩十六岁，半大小子
上学上不进
跟师傅跟不进
油盐不进
爷老倌心一狠
带到六门闸，砍苇

龙小恩的镰刀
像龙小恩的脸，黝黑黑
附着几点坑洼
冲你笑起来，露出一线白
锋利无比

龙小恩下死力
一天能砍一百捆
实际上，昨天砍了一百零五捆
他有些不好意思
爷老倌崴了脚
我还要多砍些的

龙小恩有喜欢的人
这事，她还不晓得嘛
问他想不想她
他撇过脑袋
一个猛子，扎进芦苇荡

龙小恩喜欢看鸟
红嘴鸥、白额雁、灰鹤、花脸鸭
他听姨伯讲

六门闸的鸟越来越多
砍苇人越来越少

每到中午
嚼腌萝卜的时候
龙小恩的眼睛会随着这些鸟
飞南飞北

5. 默默到了三分店

默默的小手指
一直在点
一个红瓦房，两个红瓦房
三个红瓦房
姑爷，红瓦房里
为么子住着红娃娃

默默才两岁半
刚回老家
就学了新词，为么子咯
什么都是么子么子
姑爷，为么子叫三分店

三分店啊
像分果果，过家家
大姐、二姐和小弟
你们三个，一人一个
你看，日子把你们
分得那么匀

默默到了三分店
一切清清爽爽
水分天
堤分两岸
红瓦分人家